DANIEL SIQUEIRA
Organizador

Novena de São Pio de Pietrelcina

Direção editorial: Pe. Fábio Evaristo R. Silva, C.Ss.R.
Coordenação editorial: Ana Lúcia de Castro Leite
Copidesque: Denis Faria
Revisão: Viviane Sorbile
Diagramação e Capa: Mauricio Pereira

Textos bíblicos extraídos da *Bíblia de Aparecida*, Editora Santuário, 2006.

ISBN 978-85-369-0493-1

3ª impressão

Todos os direitos reservados à **EDITORA SANTUÁRIO** – 2023

Rua Pe. Claro Monteiro, 342 – 12570-045 – Aparecida-SP
Tel.: 12 3104-2000 – Televendas: 0800 - 0 16 00 04
www.editorasantuario.com.br
vendas@editorasantuario.com.br

São Pio de Pietrelcina

São Pio de Pietrelcina é um dos santos católicos contemporâneos, que viveu no século XX. Possuía fama de santidade, ainda em vida, e foi considerado um dos herdeiros espirituais de São Francisco de Assis. São Pio nasceu em 1887, em Pietrelcina, pequena localidade na região de Benevento, no sul da Itália. Era filho de uma família humilde. Foi batizado com o nome de Francesco Forgione. Desde cedo, despertou-se para a vida espiritual; era assíduo na oração e nas coisas de Deus. Já quando criança, passou a ter visões de Jesus e da Virgem Maria. Com 15 anos, entrou para a ordem dos Frades Menores Capuchinhos, na qual foi ordenado padre em 1910.

Por ter a saúde bastante debilitada, o jovem padre morou em vários lugares e, algumas vezes, retornou à casa de sua família para receber cuidados. No ano de 1916, ele foi para o Convento de San Giovanni Rotondo, onde viveu até o final de sua vida. Nessa região, padre Pio se dedicou, sobretudo, ao atendimento às pessoas no confessionário, onde ficava muitas horas. A outra parte de seus dias era dedicada à oração e à contemplação. Em um desses momentos fortes de oração, em 1918, o jovem sacerdote recebeu os estigmas de Cristo, em suas mãos e em seus pés, que sangravam constantemente; estes acompanharam padre Pio até o fim de sua vida.

Toda a sua existência foi marcada por diversos fatos miraculosos e extraordinários: as visões que ele tinha de Jesus e Nossa Senhora, o poder da bilocação e da levitação e o cheiro de perfume que exalava de seu corpo. Entretanto, sem dúvida, o que mais chamava a atenção eram as chagas que ele carregava em suas mãos e em seus pés. Também foi atormentado por fortes tentações demoníacas. Por essas coisas e pelo modo simples e amoroso com que acolhia a todos que vinham a seu encontro, principalmente para se confessar, tornou-se muito conhecido em toda a Itália, sendo, ainda em vida, já venerado como santo pelo povo.

Padre Pio faleceu em sua cela no Convento de San Giovanni Rotondo, em 1968, aos 81 anos. Foi beatificado pelo papa João Paulo II, em 1999, e canonizado, pelo mesmo papa, em 2002. Sua festa litúrgica é celebrada no dia 23 de setembro.

Rezemos a São Pio pedindo seu auxílio e sua intercessão, principalmente nos momentos mais difíceis de nossa vida.

Oração inicial

Senhor Deus, Pai de infinita bondade, que amais profundamente a humanidade, em vossa presença eu me coloco, neste momento, para rezar pedindo que, pela intercessão de vosso servo, São Pio de Pietrelcina, possais atender minha súplica, que neste momento vos apresento.
Em nome do Pai † do Filho e do Espírito Santo. Amém.

São Pio de Pietrelcina, que em vossa vida terrena vivestes na graça de Deus e sempre acolhestes com amor todos os que acorriam a vós em suas necessidades, quero pedir que possais vir em meu socorro neste momento em que apresento minhas necessidades *(apresentar sua intenção)*. Que possais levar até Deus, nosso Pai, essa minha súplica. Amém.

Oração final

Ao final desta novena, quero me colocar mais uma vez diante do Deus, Pai de infinita bondade, rezando com fé.

Pai nosso, que estais nos céus...
Ave, Maria, cheia de graça...

Oração a São Pio
(São João Paulo II)

Ensine-nos, nós lhe pedimos, a humildade de coração para sermos incluídos entre os pequeninos de que fala o Evangelho, aos quais o Pai prometeu revelar os mistérios do Seu Reino. Ajude-nos a ter um olhar de fé, capaz de reconhecer prontamente nos pobres e nos sofredores a face do próprio Jesus. Sustente-nos nos momentos de luta e de provações e, se cairmos, faça com que experimentemos a alegria do sacramento do perdão. Transmita-nos a terna devoção a Maria, mãe de Jesus e nossa. Acompanhe-nos na peregrinação terrena em direção à Pátria abençoada, onde também esperamos chegar um dia, para contemplar eternamente a Glória do Pai, do Filho e do Espírito Santo. Amém.

Que, pela intercessão de São Pio de Pietrelcina, venham sobre mim, e sobre toda a humanidade, as graças e as bênçãos de Deus *Pai † Filho e Espírito Santo. Amém.*

1º Dia

Assim nasce um santo

1. Oração inicial *(p. 6)*

2. Palavra de Deus *(Jr 1,4-10)*

Foi-me dirigida a palavra do Senhor nestes termos: "Antes que eu te formasse no seio materno, eu te conhecia, antes que saísses do ventre, eu te consagrei; eu te estabeleci profeta das nações". Respondi: "Ah! Senhor, eu não sei falar, pois ainda sou criança". Mas o Senhor me disse: "Não digas: Sou criança, mas vai àqueles aos quais eu te mandar e anuncia o que eu te ordenar. Não os temas, porque estou contigo para te livrar" – oráculo do Senhor. O Senhor estendeu a mão, tocou-me a boca e me disse: "Ponho minhas palavras em tua boca. Hoje te constituo sobre os povos e sobre os reinos para arrancar e demolir, para abater e destruir, para edificar e plantar".

– Palavra do Senhor!

3. Refletindo

A passagem bíblica acima é o relato da vocação de Jeremias, que foi chamado para ser profeta em um tempo bastante difícil e de muitas provações. A vocação do profeta vem desde o seio materno e é para toda a vida. São Pio nasceu no dia 25 de maio de 1887, na localidade de Pietrelcina, região de Benevento, no sul da Itália. Seus pais eram pessoas simples e humildes, dispondo de poucos recursos. Sua família era muito religiosa, e, desde muito cedo, o menino Francesco Forgione despertou-se para as coisas de Deus. Era obediente e todos os dias ia para a igreja. Mantinha, ainda na infância, uma profunda vida de oração. Nessa época, São Pio experimentou as visões de Jesus e da Virgem Maria, vivendo verdadeiros êxtases espirituais. Assim como Jeremias, desde cedo São Pio sentiu-se chamado para uma vocação muito especial.

4. Vivendo

a) Tenho me esforçado para que em minha família reinem a paz e a harmonia?

b) Tenho buscado a santidade em minha vida?

5. Oração final *(p. 7)*

2º Dia

O chamado ao serviço de Deus

1. Oração inicial *(p. 6)*

2. Palavra de Deus *(Lc 4,14-20)*

Com a força do Espírito Santo, Jesus voltou para a Galileia, e sua fama espalhou-se por toda a região. Ensinava nas sinagogas deles e era glorificado por todos. Foi a Nazaré, lugar onde tinha sido criado. No sábado, segundo seu costume, entrou na sinagoga e levantou-se para fazer a leitura. Foi-lhe dado o livro do profeta Isaías. Desenrolando o livro, encontrou a passagem onde estava escrito: "O Espírito do Senhor está sobre mim, porque me ungiu para evangelizar os pobres, mandou-me anunciar aos cativos a libertação, aos cegos a recuperação da vista, pôr em liberdade os oprimidos e proclamar um ano de graça do Senhor". Depois enrolou o livro, entregou-o ao servente e sentou-se. Todos na sinagoga tinham os olhos voltados para ele.

– Palavra da Salvação!

3. Refletindo

Todos nós somos chamados para uma vocação. Em primeiro lugar, somos chamados a ser pessoas como filhos de Deus. Algumas pessoas são chamadas para uma vocação específica. Desde criança, Francesco Forgione sentiu-se chamado para uma missão especial em sua vida, manifestando o desejo de seguir a vida religiosa. Mas, para tanto, ele precisava realizar os estudos necessários. Seus pais, mesmo sendo pobres, muito se esforçaram para que o menino pudesse estudar. Decidiu o jovem tornar-se frade Capuchinho. Em 1902, ele ingressou no seminário, recebendo o hábito religioso. Professou seus votos em 1903, assumindo o nome religioso de Pio. Nessa época, quando estava para entrar no seminário, o jovem presenciou uma aparição de Nossa Senhora e de Jesus Cristo, que o exortava a se manter firme na vocação que havia escolhido.

4. Vivendo

a) Como tenho respondido a minha vocação de cristão batizado?

b) Sou fiel à vocação a qual fui chamado?

5. Oração final *(p. 7)*

3º Dia

Sacerdote, dom de Deus para a Igreja

1. Oração inicial *(p. 6)*

2. Palavra de Deus *(Hb 5,5-10)*

Cristo não se atribuiu a si mesmo a glória de tornar-se Sumo Sacerdote, mas recebeu-a de Deus, que lhe disse: "Tu és o meu Filho, eu hoje te gerei"; como também diz em outra passagem: "Tu és sacerdote para sempre, à maneira de Melquisedec". Foi ele que, nos dias de sua vida mortal, dirigiu orações e súplicas, com veemente clamor e lágrimas, Àquele que podia salvá-lo da morte, e foi atendido por causa de sua submissão. E, embora fosse Filho, pelos sofrimentos suportados, aprendeu a obediência; e, levado à perfeição, tornou-se princípio de salvação eterna para todos os que lhe obedecem, pois Deus o proclamou Sumo Sacerdote à maneira de Melquisedec.

–Palavra do Senhor!

3. Refletindo

O padre é alguém chamado do meio do povo que, após um período de formação, é consagrado para o serviço da Igreja. Como ministro dos sacramentos deixados por Cristo, ele age em *Persona Cristhi*. No dia 10 de agosto de 1910, o jovem Pio foi ordenado padre na catedral de Benevento. Sua mãe e seus irmãos estavam presentes nesse momento tão importante; o pai não pôde comparecer porque estava na América. Naquele dia, diante de Jesus sacramentado, Pio proferiu a seguinte frase: "Ó Jesus, meu respiro e minha vida, peço-te que faças de mim um sacerdote santo e uma vítima perfeita". Desse modo, o jovem começava sua vida de padre, missão que desempenharia com amor nos próximos 58 anos de sua vida.

4. Vivendo

a) Tenho participado da missa e dos sacramentos com frequência?

b) Lembro-me sempre de rezar pelas vocações sacerdotais e religiosas?

5. Oração final *(p. 7)*

4º Dia

Conformar-se aos sofrimentos de Cristo

1. Oração inicial *(p. 6)*

2. Palavra de Deus *(Gl 6,14-18)*

Eu porém não quero saber de gloriar-me, a não ser da cruz de nosso Senhor Jesus Cristo, pela qual o mundo está crucificado para mim e eu para o mundo. Circuncisão ou incircuncisão de nada valem, mas o que importa é a nova criatura. Paz e misericórdia para todos os que seguem esta norma e para o Israel de Deus. De agora em diante, que ninguém mais me importune, pois eu trago em meu corpo as cicatrizes de Jesus. Irmãos, a graça de nosso Senhor Jesus Cristo esteja convosco. Amém.

– Palavra do Senhor!

3. Refletindo

Desde o início do cristianismo, muitos cristãos procuraram conformar sua vida à de Jesus, e o fizeram de variadas maneiras. Muitos místicos, no decorrer da história, experimentaram formas radicais de viver a fé. Entre eles, podemos destacar São Francisco de Assis, que deixou tudo para se fazer pobre. Desde sua tenra infância, São Pio procurou tornar sua vida semelhante à vida de Jesus Cristo. Era assíduo nos exercícios espirituais, jejuns e penitências. Queria, cada vez mais, aproximar-se dos sofrimentos de Cristo. Em 1910, logo nele se manifestaram os primeiros indícios dos estigmas, que ele carregaria até o fim de sua vida. Esses sinais, nas mãos e nos pés, ficaram aparentemente invisíveis; eram somente manchas em seu início. Até que se manifestaram na forma das feridas abertas, em 1918. Em uma aparição, Cristo disse a São Pio que os estigmas eram um modo de ele se unir a sua paixão e de participar da salvação dos pecadores.

4. Vivendo

a) Tenho procurado conformar minha vida à vida de Cristo?

b) Tenho procurado viver um processo constante de conversão em minha vida pessoal e comunitária?

5. Oração final *(p. 7)*

5º Dia

Tempo de provação e sofrimento

1. Oração inicial *(p. 6)*

2. Palavra de Deus *(1Pd 4,14-19)*
Felizes de vós, se sofreis injúrias pelo nome de Cristo. Porque o Espírito de glória, o Espírito de Deus, repousa sobre vós. Mas que ninguém dentre vós tenha de sofrer como assassino, ou ladrão, malfeitor ou delator. Mas, se sofrer como cristão, não se envergonhe; antes, glorifique a Deus por esse nome. Pois chegou a hora de começar o juízo pela casa de Deus. Ora, se ele começa por nós, qual será o fim daqueles que não querem crer na Boa-Nova de Deus? "Se a custo se salva o justo, que será do ímpio, do pecador?" Por isso, também aqueles que sofrem segundo a vontade divina confiem suas vidas ao Criador fiel, fazendo o bem.
– Palavra do Senhor!

3. Refletindo

Na vida, por vezes, somos assolados por momentos difíceis, que nos causam muitas dores e muitos sofrimentos. Nenhum ser humano está livre de passar por momentos de provação. Padre Pio também passou por esses momentos difíceis no decorrer de sua vida. Logo que a notícia sobre o aparecimento dos estigmas se espalhou, foi grande o número de pessoas que acorreram até San Giovanni Rotondo para se confessar, para participar das missas celebradas pelo Padre Pio, ou simplesmente por curiosidade. Diante dessa repercussão, especialistas foram enviados para verificarem a veracidade dos fenômenos. Entre eles, estava o Padre Agostino Gemelli, franciscano doutor em medicina, enviado pelo Vaticano, que, sem fazer exames mais detalhados, acabou por atestar que os estigmas eram falsos. Diante disso, o Vaticano impôs ao Padre Pio uma reclusão e a proibição de manter qualquer contato com o mundo externo ao mosteiro. Essa proibição vigorou por 10 anos, de 1923 a 1933. Esses foram anos de grande dor e sofrimento na vida de Padre Pio, mas, mesmo diante disso, ele nunca desanimou ou perdeu a sua confiança e a fé em Deus.

4. Vivendo
a) Como reajo nos momentos difíceis e de sofrimento, por que passo em minha vida?
b) Já fui causa de dor e sofrimento para alguma pessoa a meu redor?

5. Oração final *(p. 7)*

6º Dia

A misericórdia que vem de Deus

1. Oração inicial *(p. 6)*

2. Palavra de Deus *(Mt 11,28-30)*
Naquele tempo disse Jesus: "Vinde a mim, vós todos que estais cansados e oprimidos, e eu vos darei descanso! Tomai sobre vós meu jugo e aprendei comigo, porque sou manso e humilde de coração, e achareis descanso para vossas almas, porque meu jugo é suave e meu peso, leve".
– Palavra da Salvação!

3. Refletindo
Em sua vida pública, Jesus sempre teve uma predileção especial para com os mais pobres e sofredores de seu tempo. Em especial, acolhia aqueles que eram tidos como pecadores públicos, pessoas altamente marginalizadas, que com sinceridade procuravam Jesus. O mestre os acolhia e aliviava suas dores e seus sofrimentos,

devolvendo-lhes a vida. Padre Pio é muito lembrado também por sua atuação como confessor incansável, pois ficava muitas horas no confessionário atendendo a todos que, com sinceridade de coração, procuravam o sacramento da reconciliação. Foram muitas as conversões que ocorreram a partir das confissões assistidas por Padre Pio. O sacerdote era severo com os mentirosos e hipócritas, mas era bondoso e compassivo com aqueles que lá se dirigiam com sinceridade de coração. Assim o fez por muitos anos, até suas forças se esgotarem por completo.

4. Vivendo

a) Tenho procurado com frequência o sacramento da reconciliação?

b) Meu arrependimento diante de minhas faltas é sincero ou é apenas de momento?

5. Oração final *(p. 7)*

7º Dia

Alívio das dores e dos sofrimentos

1. Oração inicial *(p. 6)*

2. Palavra de Deus *(Cl 3,12-17)*

Como escolhidos de Deus, santos e amados, revesti-vos de sentimentos de misericórdia, de bondade, de humildade, de mansidão e de paciência, suportando-vos uns aos outros e perdoando-vos mutuamente, se alguém tem de lamentar-se com relação aos outros. Como o Senhor vos perdoou, perdoai também vós. Acima de tudo, buscai o amor, que faz a perfeita união. Que a paz de Cristo reine em vossos corações, pois a ela fostes chamados para formar um só corpo. Vivei dando graças a Deus! Que a palavra de Cristo habite em vós com toda a sua riqueza. Ensinai-vos e exortai-vos uns aos outros com toda sabedoria, cantando a Deus de coração agradecido com salmos, hinos e cânticos espirituais. E tudo o que fizerdes em palavras e

obras seja feito em nome do Senhor Jesus, agradecendo por meio dele a Deus Pai.
— Palavra do Senhor!

3. Refletindo

Como cristãos, somos chamados a viver e a praticar a misericórdia em todos os momentos de nossa vida. Jesus, em sua vida terrena, assim o fez e assim o fizeram as primeiras comunidades cristãs. Padre Pio, além de se preocupar com a dimensão espiritual das pessoas, também tinha uma forte preocupação com a questão social, principalmente com a assistência aos mais pobres. Os anos de guerra acabaram agravando ainda mais a pobreza e a miséria de muitas pessoas. Era seu sonho construir um local onde as pessoas pudessem não apenas receber uma assistência espiritual, mas também material. Foi assim que, em 1946, junto de alguns de seus amigos mais próximos, nasceu a iniciativa da criação da "Casa do Alívio do Sofrimento", que foi inaugurada em 1956. Hoje, a "Casa do Alívio do Sofrimento" é um dos maiores, e mais importantes, hospitais da Itália; ali os pacientes recebem um excelente atendimento médico e são tratados com atenção e amor, em um ambiente bem planejado, cercado de jardins e belos mosaicos com artes religiosas.

4. Vivendo

a) O que estou fazendo para aliviar as dores daqueles que mais sofrem?

b) Tenho praticado a misericórdia e a compaixão para com as pessoas que estão a minha volta?

5. Oração final *(p. 7)*

8º Dia

Vida que vem de Deus e que volta para Ele

1. Oração inicial *(p. 6)*

2. Palavra de Deus *(Fl 1,21-26)*
Para mim, viver é Cristo e morrer é lucro. No entanto, se viver neste corpo significa trabalhar com fruto, já não sei o que escolher. Sinto-me apertado dos dois lados: de um, o desejo de morrer para estar com Cristo, o que é muito melhor; mas, de outro lado, continuar vivendo é mais necessário para vosso bem. Disto estou convencido: sei que vou ficar e permanecer perto de vós todos para vosso progresso e para alegria de vossa fé, a fim de que vosso orgulho a meu respeito cresça sempre mais em Cristo Jesus, com minha nova vinda até vós.
– Palavra do Senhor!

3. Refletindo
O apóstolo Paulo foi incansável em sua missão de anunciar a Boa-Nova de Jesus dentro das

fronteiras do Império Romano. A essa missão ele dedicou toda a sua vida. Ele é um modelo de missionário para todo cristão que busca viver e testemunhar sua fé. São Pio também foi incansável em sua missão de ser sinal do Reino em um mundo onde a religião ia a cada dia perdendo sua importância. O frade chegou aos 81 anos, celebrando 50 anos dos estigmas de Cristo. Alguns dias após essa celebração, os estigmas, da mesma maneira que haviam aparecido, inexplicavelmente desapareceram. Após uma vida inteira oferecida a Deus e permeada de muitas dores e sofrimentos, no dia 23 de setembro de 1968, após doloroso sofrimento, Padre Pio despediu-se desta vida, passando para a eternidade. Seu funeral foi realizado durante quatro dias, contando com a presença de mais de 100 mil pessoas.

4. Vivendo

a) Procuro viver todos os dias na presença de Deus?

b) Como encaro a realidade da morte e da finitude humana?

5. Oração final *(p. 7)*

9º Dia

Santo para nosso tempo

1. Oração inicial *(p. 6)*

2. Palavra de Deus *(1Pd 1,15-21)*
Assim como é santo aquele que vos chamou, tornai-vos santos vós também em toda a vossa conduta, porque está escrito: "Sede santos, porque eu sou santo". E, se rezando, chamais de Pai aquele que julga com imparcialidade a cada um conforme suas obras, procurai viver com temor enquanto estais aqui de passagem, sabendo que fostes resgatados da vida fútil que herdastes de vossos antepassados, não a preço de coisas perecíveis como a prata ou o ouro, mas pelo sangue precioso de Cristo, o Cordeiro sem defeito e sem mancha, predestinado antes da criação do mundo e manifestado nos últimos tempos para vós. Por meio dele, vós credes em Deus que o ressuscitou dos mortos e o glorificou. Assim, vossa fé e vossa esperança estão fixas em Deus.
– Palavra do Senhor!

3. Refletindo

Todos somos chamados à santidade. Em cada momento de nossa vida, assim como o Pai do Céu é santo, todos nós também devemos buscar a santidade. Ainda em vida, muitas pessoas já aclamavam o Padre Pio como santo. Logo após sua morte, foram iniciados os primeiros levantamentos em vista de sua canonização. Sua beatificação ocorreu em 1999, e sua canonização, em 2002. São Pio é um santo de nossa época; viveu todas as alegrias e todos os desafios deste mundo, onde a fé vai, cada dia mais, perdendo seu espaço. Ao mesmo tempo, São Pio foi um místico ao estilo dos grandes mestres, em uma época em que parece não existir mais mística. Verdadeiramente, ele é um santo que tem muito a nos ensinar.

4. Vivendo

a) Mantenho uma fé firme e bem fundamentada, mesmo diante de tantas situações desafiadoras?

b) Mesmo diante da vida corrida, tenho reservado momentos para me colocar na presença de Deus e cultivar uma espiritualidade profunda?

5. Oração final *(p. 7)*

Índice

São Pio de Pietrelcina 3

Oração inicial 6

Oração final 7

Oração a São Pio *(Papa João Paulo II)* 8

1º dia: Assim nasce um santo 9

2º dia: O chamado ao serviço de Deus 11

3º dia: Sacerdote, dom de Deus
   para a Igreja 13

4º dia: Conformar-se aos sofrimentos
   de Cristo 15

5º dia: Tempo de provação e sofrimento 18

6º dia: A misericórdia que vem de Deus 21

7º dia: Alívio das dores e dos sofrimentos 23

8º dia: Vida que vem de Deus e que
   volta para Ele 26

9º dia: Santo para nosso tempo 28

Este livro foi composto com as famílias tipográficas Calibri e Bellevue impresso em papel Offset 75g/m² pela **Gráfica Santuário.**